Thais Braga

UAI
ou
WHY, SÔ?

ilustrações
Gustavo Seabra

para colorir e aprender!

Vocês sabem o que é uma festa junina, né?

Também conhecida como "anarriê", "arraiá", "festa de São João", ou "festa do interior", no Brasil é uma das celebrações tradicionais mais esperadas do ano!

E o que a gente precisa para um anarriêêêêêê de respeito?

Comida típica, é claro! Tipo: pamonha, canjica, curau, milho cozido, bolo de fubá, pipoca, paçoca, cocada, maçã do amor, pé-de-moleque..

HUMMMM...

E não podemos esquecer das quadrilhas, com músicas especiais que deixam tudo ainda mais animado: xote, baião, arrasta-pé!

Quem aí já dançou quadrilha usando os trajes caipiras?

Por último, mas não menos importante:
Precisamos de uma decoração especial!

O que tem na nossa decoração de festa de São João?

BALÃO...

FOGUEIRA...

ESPANTALHO...

E BANDEIRINHAS!

Era uma vez... Uma festa Junina!

Se imaginem comigo nesse grande "arraiá" e me ajudem a colori-lo!

Esse anarriê acontecia em pleno verão, na Inglaterra! Era um dia de sol e calor, o que tornava tudo ainda mais brasileiro. Parecia mesmo um pedacinho do Brasil em terras do Rei.

A festa ainda não tinha começado. Estava sendo montada, e as decorações tinham sido trazidas de avião, direto do interior do Brasil. Na Inglaterra não se produz decoração típica de festa junina.

Uma dessas decorações eram as famosas bandeirinhas coloridas, cortadas em formato triangular, feitas especialmente para serem presas num barbante lá no alto – embelezando e animando a festa, dançando com o vento, como se fizessem uma quadrilha no céu. É praticamente impossível passar por baixo delas e não sorrir. A felicidade que transmitem é imediata e contagiante.

Olhem só essas aqui como são especiais!

- Opa, peraí! Algo está faltando aqui vocês conseguem ver?

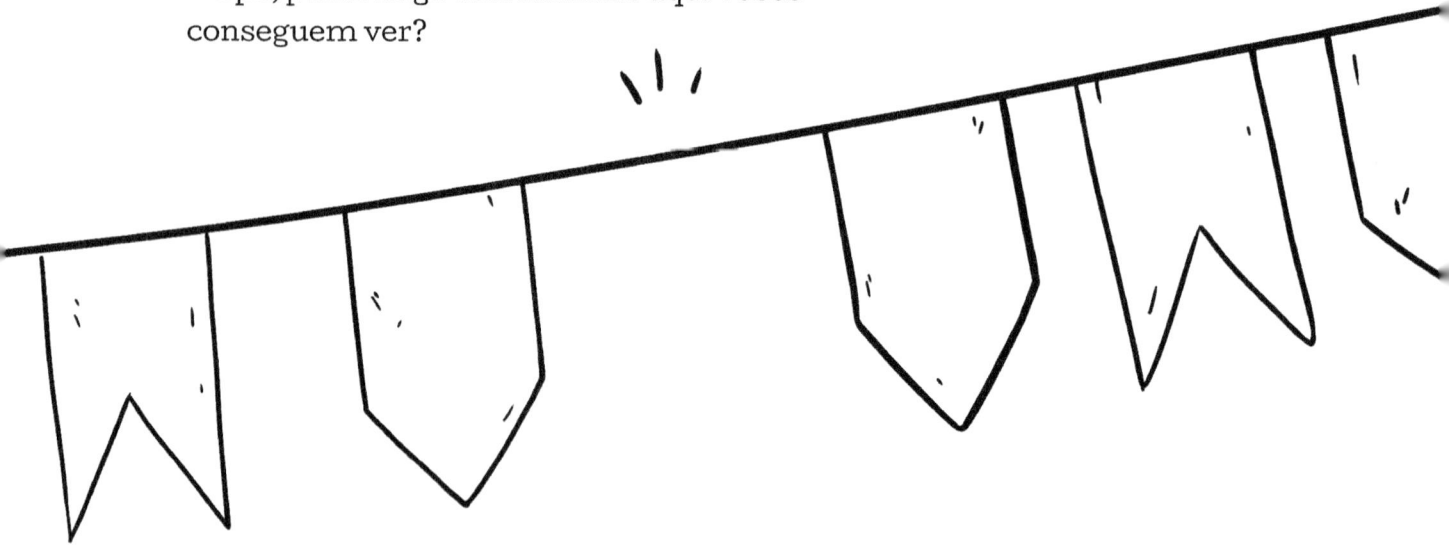

- Pois é, tem um buraco entre elas! Vieram com defeito! E agora? O que podemos fazer?

Já sei! Vamos usar um papel aqui da
Inglaterra pra preencher esse espaço!
A festa já vai começar e não dá pra deixar
assim. Será que vai funcionar?
Que tal esse papel aqui ó...
Ele é um pouco diferente meio quadrado,
meio sem cor mas acho que nem dá pra
perceber, né?

DÁ SIM, ORA!

Que isso? Quem falou agora? – (pergunta o narrador, surpreso)

– Óia! Quem 'falô' fui eu! – diz a bandeirinha colorida,
agora com olhos e boca aparecendo.

– Pode me chamar de Bandeira Caipira. Prazer danado
tá 'cum ocês' aqui hoje, viu? Eu falo, uai!

– Why? – pergunta a bandeira de papel branco, que também ganha olhos e boca.

Ih, gente! As bandeiras todas falam!
E usam suas línguas e sotaques, inclusive a bandeira inglesa, feita
com papel da Inglaterra! Vou tentar explicar pra elas o
que está acontecendo...

— 'Num' precisa explicar, não, uai! – diz a Bandeira Caipira.
— Why not? Now I'm curious! – diz a Bandeira Inglesa.

Calma! Está uma loucura isso aqui!
Primeiro que "uai", no interior do Brasil, significa uma coisa... e "why", em inglês, significa outra! Os sons são parecidos, e isso causou toda essa confusão.
Vocês sabiam que no interior do Brasil as pessoas falam "Uai"?

— O que significa "why" em inglês, uai? Que trem doido! – pergunta a Bandeira Caipira.
— Why is he saying "uai" all the time? – pergunta a Bandeira Inglesa.

Estamos todos tontos com essa mistura de línguas!
Leitores, vocês sabem o que significa "why" em inglês?
Pois bem, "Why" significa "por quê".

– Uai?! Nosso "uai" também pode expressar dúvida! Mas tem muitoooos outros significados– diz a Bandeira Caipira, com sotaque mineiro.

Peraí, deixa eu explicar!
O "uai" brasileiro pode expressar surpresa, dúvida, indignação, confirmação, espanto ou simplesmente servir pra chamar atenção numa conversa! O significado muda conforme a entonação e o contexto.

– And why do I have to learn this? – pergunta a Bandeira Inglesa.
– Ihhh, Bandeira Inglesa! Deixa de ser deselegante! Aprender outra língua é algo maravilhoso!

Estudar sobre outros lugares e seus costumes só nos enriquece. É muito importante entender que vivemos num planeta diverso e precisamos aceitar e abraçar as diferenças.

O mundo é um só, mas dentro dele existem muitas culturas, línguas e povos com seus próprios valores. Essa diversidade nos torna especiais.

Querem saber uma curiosidade interessante?
A origem exata da expressão "uai" é incerta, mas existe uma hipótese que une nossas culturas.

Pode ser que o nosso "uai" venha da adaptação da palavra inglesa "why", usada por imigrantes ingleses na época da mineração no Brasil.

WHY?

UAI

Outra possibilidade é que seja uma evolução natural de expressões antigas do português, como "uê", "ué", "olá", "olhai só" ou "olhai bem", usadas pra expressar emoção ou chamar atenção.

– I see... I'm sorry. I think it's quite important to learn about different cultures and languages. – diz a Bandeira Inglesa.

– Aprendê é bão demais da conta, sô! – responde a Bandeira Caipira.

– So? So what? – retruca a Bandeira Inglesa.

E lá vamos nós de novo – suspira o narrador.

Curiosidades para pais e filhos lerem juntos:

Você sabe de onde vem o nome "pé-de-moleque"?

Versão mais conhecida:
No Brasil colonial, meninos de rua – os "moleques" – ficavam perto das vendedoras de
doces.
Quando tentavam roubar um pedaço do doce de amendoim com rapadura, elas gritavam:
"Pé, moleque!" – ou seja, "Sai daqui, moleque!"
Com o tempo, a expressão acabou virando o nome do doce: Pé-de-Moleque!

Outra versão:
O nome pode vir do formato irregular do doce, que lembra as pedras usadas nos calçamentos
antigos, chamados também de "pé-de-moleque".
Essas pedras eram colocadas por crianças ou usadas em calçadas simples.
A versão mais popular é a do moleque levado.
E vocês? Já provaram o doce de pé-de-moleque?

A origem do termo "Uai"

Existe uma hipótese curiosa, embora não comprovada academicamente, que no século XIX, houve grande presença de ingleses na região de Minas Gerais, especialmente em áreas de mineração, como Mariana, Ouro Preto e Nova Lima. A teoria diz que os trabalhadores ingleses usavam com frequência o termo "why?", que a população local escutava repetidamente. Com o tempo, os brasileiros teriam começado a imitar ou adaptar foneticamente esse som estrangeiro – transformando o "why" em "uai", usado como interjeição de dúvida ou surpresa. É uma hipótese encantadora, pois mostra o contato entre culturas, mas carece de documentação direta que comprove essa transição linguística com certeza.

Outra hipótese é que "uai" seja uma evolução de interjeições antigas da língua portuguesa, como:

"uê"
"ué"
 "olá" (em uso mais antigo como interjeição de surpresa)
 "Olhai só"
"Olhai bem" (Expressão antiga de surpresa ou atenção)

Essas formas foram se transformando foneticamente com o tempo e com a influência regional do sotaque mineiro, até chegar ao "uai". Essa é a explicação mais aceita academicamente, por seguir padrões típicos da evolução da linguagem regional. É muito especial ver como nossas línguas se encontram, se influenciam e se transformam para acompanhar os jeitos de ser e viver de cada cultura, não é?

Biografia da Autora: Thais Braga

Thais Braga é autora do livro de colorir "Uai ou Why, sô?", além de outros seis títulos voltados ao público infantil. Formada em Comunicação Social e mãe da Aurora, de 10 anos, Thais vive em Londres, onde também atua como educadora em uma escola local. Em 2016, no meio do puerpério e de uma mudança de país, criou o blog MãeZona, um espaço onde compartilha as alegrias, os desafios e as contradições da maternidade com humor e sensibilidade. O projeto, que nasceu como um desabafo sincero, tornou-se uma verdadeira comunidade com mais de 170 mil seguidores em diversas plataformas – um ponto de encontro, acolhimento e troca entre mães de diferentes cantos do mundo. A imaginação de Thais sempre foi sua grande aliada. Seu primeiro livro impresso, "A Carta que Transportava Saudade" (Editora Aquarela Livros), foi carinhosamente recebido por crianças e famílias, o que a motivou a seguir no universo da literatura infantil. Desde então, lançou também os livros "Os Mosquitos nos Picam e a Culpa é do Noé" (Editora Inverso), "O que Tem no Escuro da Noite?", "Burrico Burro e Seu Amigo Gato" (Editora Aquarela Livros), "A Formiga Contabilista e Sua Poupança Desenfreada" e "Bololô de Palavras" (Editora Aquarela Livros).

Seu mais recente trabalho, "Uai ou Why, sô?", combina um livro de colorir com uma narrativa divertida e educativa. Nele, Thais celebra a tradicional Festa Junina enquanto brinca com os sons e significados das palavras em português e inglês, mostrando como as culturas se cruzam, se influenciam e se reinventam.

Gustavo Seabra

Iniciei minha carreira no mercado de livros infantis e infantojuvenis em 2016. Formado em música, desde cedo percebi que minha personalidade me levaria a percorrer caminhos múltiplos e transversais no universo da arte, em especial as interseções entre literatura, ilustração e o humor visual. Hoje, atuo como professor de artes e expando meu campo de atuação ao mercado de games, experimentando as aproximações entre o motion design e a animação.

Printed in Dunstable, United Kingdom